涪乘启新

光绪三十一年

（清）贺守典　熊鸿谟　编

冉瑞　校注

重庆市涪陵区地方志办公室　整理

國家圖書館出版社

图书在版编目（CIP）数据

涪乘启新 /（清）贺守典、熊鸿谟编；冉瑞校注；重庆市涪陵区地方志办公室整理 . — 北京：国家图书馆出版社，2019.6

ISBN 978-7-5013-6624-8

Ⅰ . ①涪…　Ⅱ . ①贺…②熊…③冉…④重…　Ⅲ . ①涪陵区－地方志－清代　Ⅳ . ① K297.193

中国版本图书馆 CIP 数据核字（2018）第 270811 号

书　　名　涪乘启新
著　　者　（清）贺守典　熊鸿谟 编
　　　　　冉瑞 校注
　　　　　重庆市涪陵区地方志办公室 整理
责任编辑　廖生训

出版发行　国家图书馆出版社（北京市西城区文津街 7 号　100034）
　　　　　（原书目文献出版社　北京图书馆出版社）
　　　　　010-66114536　63802249　nlcpress@nlc.cn（邮购）
网　　址　http://www.nlcpress.com
排　　版　九章文化
印　　装　重庆金润印务有限公司
版　　次　2019 年 6 月第 1 版　2019 年 6 月第 1 次印刷

开　　本　787 × 1092（毫米）　1/16
印　　张　3.5
字　　数　56 千字

书　　号　ISBN 978-7-5013-6624-8
定　　价　10.00 元

《涪州志》整理委员会

主　任：周　烽

副主任：余成红

成　员：张仲明　曾小琴　冉　瑞　童泓萍

彭　婷　赵　君

涪州小學
鄉土地理

光緒乙巳秋
本學堂刊行

删繁就简，经世致用

——点校历代《涪州志》序

方志是详细记载一地的地理、沿革、风俗、教育、物产、人物、名胜、古迹以及诗文、著作等的史志。它是国史的基础材料，犹如高楼大厦的一砖一瓦；它是时代的毛细血管，可窥见大众百姓的脉膊跳动。方志文本分门别类，取材真实，内容丰富，剪裁得当，保存了相当复杂多样的社会信息，是研究历史，特别是地方史的重要的参考资料。《全国地方志联合目录》收录我国历代地方志八千二百多种，每种都注明卷数、版本、纂修者及藏书单位等信息，便于使用者参考阅览。

历代《涪州志》即是中国方志的组成部分。

涪陵地处长江、乌江交汇处。地连五郡，舟会三川，百物辐辏，人文畅茂，自古为水陆要冲，商贸名城。《禹贡》记载属梁州之域，战国为巴子国都，秦置枳县以来，历代王朝都在此设郡、州、县等治所。具有两千多年的建城史的涪陵，积淀了丰富的历史文化，历代的涪陵地方志都有较为详细的辑录。涪陵的地方志书，可考的始于北周。散见于史册的有北周的《涪陵地图记》，唐代的《涪州图经》，宋代的《涪州新图经》《涪陵记》《龟陵志》《龟陵新志》等八种。明代有《涪州志》两种。清代有官修《涪州志》五种。可惜由于朝代更迭和其他天灾人祸造成的社会动荡，清康熙之前所修的地方志书皆已散佚，对了解、研究涪陵地方史造成了难以弥补的巨大损失，令人扼腕。

中国有盛世修志的传统，历朝历代帝王对修国史相当重视。一方面，新王朝建立，即修前朝史，一朝一朝延续下来，成为惯例。另一方面，各地方官员对修方志也异常热情。康熙以来，先后担任涪州知州的董维祺、郭宪仪、多泽厚、徐树楠、德恩、吕绍衣等就亲自主持过《涪州志》的修纂工作。据文献记载，涪陵自明嘉靖以来，已有明嘉靖三十年《涪州志》，清康熙二十二年《涪州志》，清康熙五十三年《涪州志》，清乾隆五十年《涪州志》，清道光二十五年《涪州志》，清同治九年《涪州志》，清光绪三十一年《涪州小学乡土地理》(又名《涪乘啟新》),民国十七年《涪陵县续修涪州志》等八种方志。但长期以来这些宝贵的地方史志资料因印数有限,藏本奇缺,已经作为古籍文物加以保护,极少与广大读者见面。上世纪八十年代以来,国家启动地方志编纂工作,历代方志也只是极少数修志人员有条件参阅,因岁月流逝和保护手段有限,加之古籍图书纸张发黄易碎,有些古籍孤本几近毁损。这一方面有可能造成珍贵的地方文献资料的巨大损失,另一方面又对广大干部群众了解本土历史知识,增加历史学养,培养爱国爱乡的情感造成了无形的隔膜和障碍,方志的赓续文脉、资政育人的特殊功能未能得到充分有效的发挥。

回顾历史,是为了更好地前行。

习近平同志指出:"历史是最好的老师。""历史上发生的许多事情也可以作为今天的镜鉴。中国的今天是从中国的昨天和前天发展而来的,要治理好今天的中国,需要对我国的历史和传统文化有深入的了解,也需要对我国古代治国理政的探索和智慧进行积极总结。""我们不是历史虚无主义者,也不是文化虚无主义者,不能数典忘祖,妄自菲薄。中华传统文化博大精深,中华民族在长期奋斗中开展的精神活动、进行的理性思维、创造的文化成果,反映了中华民族的精神追求,其中最核心的内容已经成为中华民族最基本的文化基因。"

近年来,各级党委政府认真贯彻习近平总书记关于学习历史知识,提高历史学养,借鉴历史经验,提升治国理政本领的系列讲话精神,掀起新的一波整理、出版地方志书的热潮,以满足广大干部群众了解历史的需要。

根据国务院《地方志工作条例》的规定,国务院办公厅《全国地方志事业发展规划纲要(2015—2020年)》关于"开展旧志点校、提要、考录、辑佚等工作"的要求和涪陵区人民政府的部署,我办积极有序开展历代《涪州志》的点校、整理出版工作。目前,清康熙五十三年《重庆府涪州志》,清乾隆五十年《涪州志》,清道光二十五年《涪州志》,清同治九年《重修涪州志》,清光绪三十一年《涪乘启新》和民国十七年《涪陵县续修涪州志》等六种方志经过整理后,出版了影印本。同时,组织了几位地方史专家对上述各年代《涪州志》进行了点校注释,由国家图书馆出版社出版发行。

本次点校主要做了以下几项工作:

1. 将书中古文的句读基本搞清,加上现代汉语使用的标点符号。

2. 对异体字进行简单疏理，归纳成常用字。

3. 将繁体字，改成简体字。（部分人名用字除外）

4. 将文中部分词语、典故进行简单注释或说明。

5. 将行文格式由竖排改成横排，以符合今天大众阅读习惯。

6. 对方志的内容一律保持原貌，未敢增删。

限于历史学养，我们这次点校注工作虽倾注了大量精力，但仍有许多疏漏和错误，热切希望得到广大读者和方家的批评指正，以便我们今后修订补正。

重庆市涪陵区地方志办公室

2018 年 9 月

目　录

第三卷 风俗门

编纂大意

近代地志通例，多分文、质、政三纲，所区条目尤繁。是书仅就一州邑论，例为少变，然亦颇采其义。惟文、质咸入地理门，政之外别为风俗一门，而纳人物于中。编既成，适奉京师大学堂编书局所颁乡土志例目，核与兹编，详略小有出入，而大体契合，故仍之。

《奏定学堂章程》[①]所列初等小学堂学科，于历史则讲乡土大端故事，及本地古先名人事实；于地理则讲乡土道里建置，及本地先贤祠庙遗迹；于格致则讲乡土动、植、矿各物。凡关于日用所必需者，使知其作用及名称，是编各门即本此为准的。耳目所习，一经指示，便成学问，以启初学之知识，无逾于此。

州志体例疏舛，久为大雅所嗤，舆图尤粗劣不足观。此编仅冠总图于首，余从阙如。又户口、盐法、粮赋征收等类，岁历既久，时有更变，一切以近今为准。而旧志有足备考者，亦未概略，以期今昔情形，一视了然。

西政西学之有裨中国，近无智愚咸知，取外辅中，虽在圣者莫外。是书略仿此意，而宗旨和平。因时因地立言，不敢过高，致苦徒言难行。

是书稍异于州志，如叙恤政则云有待推广，叙呰洞则以为不足恃。又志修于同治中，学田[②]时尚未兴，学堂改章、科举已废，又目前学校变更之大，诸如此类，咸为补入，以见今古异宜，因时为要。

是书风俗多主实业立论。盖中国事事蹈虚，为祸最烈，欲州人之痛除此病。而淫祀异端，亦吾国数千年巨毒，迄今害尤未艾。经正民兴，斯无邪匿，摧陷而廓清，故

---

① 《奏定学堂章程》：清朝政府颁布的关于学制系统的文件，光绪二十九年（1903）制定，次年1月颁布，由张百熙、张之洞、荣庆等奏拟。

② 学田：中国宋代以后，以其地租收入供学校、书院用费的田地。学田是随着宋代学校教育发展而出现的一种国有土地形态。北宋乾兴元年（1022）开始行学田制度。

言之特详。财政一端，于地方衰旺、国家强弱，有绝大关系，故是书于致贫致富之原因，必三致意。其间如农商、工业、种植、矿产，凡有关兴利事宜，无不反复阐发，期于国计民生有裨。地球各国，兵械日新，战争日烈，必激发国民志气，使各有尚武精神，具军民资格，始足转弱为强，自立于不败。是书于武备之张弛、民气之衰盛，暨前人武功之遗迹、目前兵事大端未肯忽略，其义窃取之顾氏《方舆纪要》[①]一书。

州中交涉之事本少，是编于政治门必列交涉，风俗中又就教会言之，凡有关于外族情事，各门各条无不略为叙述。亦欲观此书者，生国家思想，明种族界畔。所关远巨，故不得不详为透发。

是书所言政治风俗，多就目前立言。人事迁变数十年后，百废俱举，情势自必不侔。尚冀留心民物之士，时为更正。典等学识谫陋、成书仓卒，纰缪尤多。大雅君子，赐之纠绳，则更幸甚。

① 《方舆纪要》，即《读史方舆纪要》，清朝初年顾祖禹所撰，原名《二十一史方舆纪要》，古代中国历史地理、兵要地志专著。

第一卷　地理门

桐梓邹宪章怀西[①]审定

州人贺守典、熊鸿谟编纂

第一课　位置

重庆为蜀东重镇，自开埠通商，日益繁富，所领厅州县乡凡十五。在下游者，涪为巨州，地跨大江，南通酉秀，东扼夔万，实水陆要冲。其位置，经度在京师中线偏西八度五十九分，纬度在赤道北二十九度五十分。州志谓：天市右垣[②]第四星属巴，五星金星兼主巴。此中国旧传分野，今地理家已不主其说矣。

第二课　疆界 附四至八到里数

州治辽阔，自西讫东约二百里，自北讫南二百七八十里或三百余里不等。故一州之内，气候各殊。近城及沿江各地，尚寒暖适宜；迤南稍高，如滥坝场、桐子山、牛皮箐诸地，则寒冷极甚，积雪或春季始融，收播亦视他处为最晚云。

东至三华山九十里，抵酆都界；东南至木棕河三百六十里，抵彭水界；南至南山坪、冷水关等处一百六十里，抵南川及贵州正安州界；西南至铁瓦寺一百五十里，抵巴县界；西至羊鹿口一百五十里，抵巴县界；西北至黄草山一百里，抵长寿界；北至观斗山二百二十里，抵垫江界；东北至马颈子、立石镇一百二十里，抵酆都界；至府陆路三百四十里，水程三百二十里；至省陆路一千二百里，水程一千七百里；至京师陆路五千六百二十里，水程七千六百里。

---

① 邹宪章，字耿光，号怀西，清代涪州知州。

② 天市右垣：中国古代星官名，又名西藩，共由十一星组成，每颗星都由诸侯国或王国命名，从南算起，顺次为韩、楚、梁、巴、蜀、秦、周、郑、晋、河间和河中十一星。

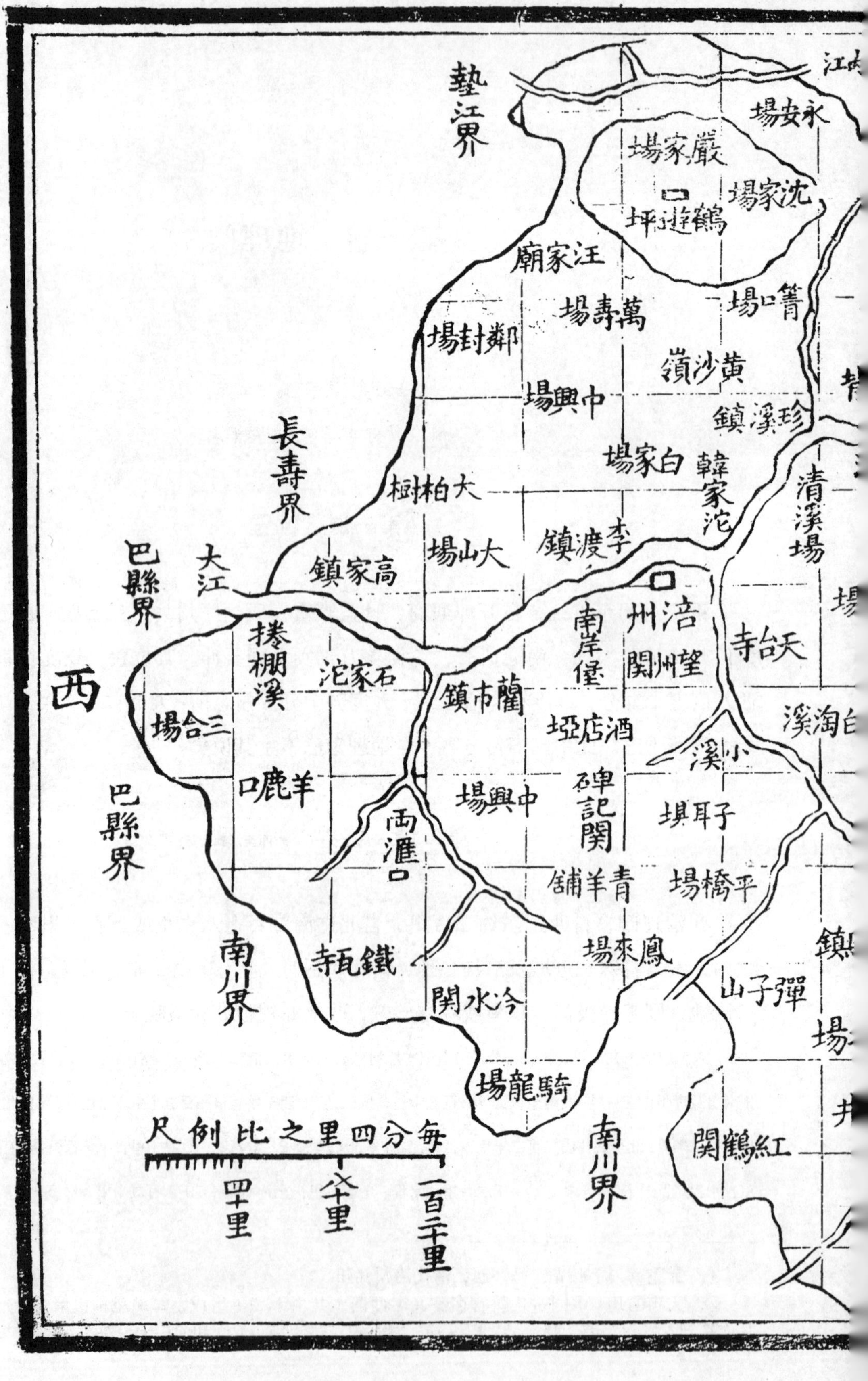
墊江界
永安場
嚴家場
沈家場
鶴遊坪
汪家廟
箐口場
萬壽場
鄭封場
黃沙嶺
中興場
珍溪鎮
白家場
韓家沱
長壽界
清溪場
大柏樹
李渡鎮
大山場
高家鎮
巴縣界
大江
涪州
南岸堡
望州關
天台寺
西
捲棚溪
石家沱
藺市鎮
三合場
酒店埡
小溪
白淘溪
羊鹿口
中興場
碑記關
子耳壩
巴縣界
两滙
青羊鋪
平橋場
南川界
鐵瓦寺
鳳來場
彈子山
冷水關
騎龍場
南川界
紅鶴關
每分四里之比例尺
四十里
八十里
一百二十里

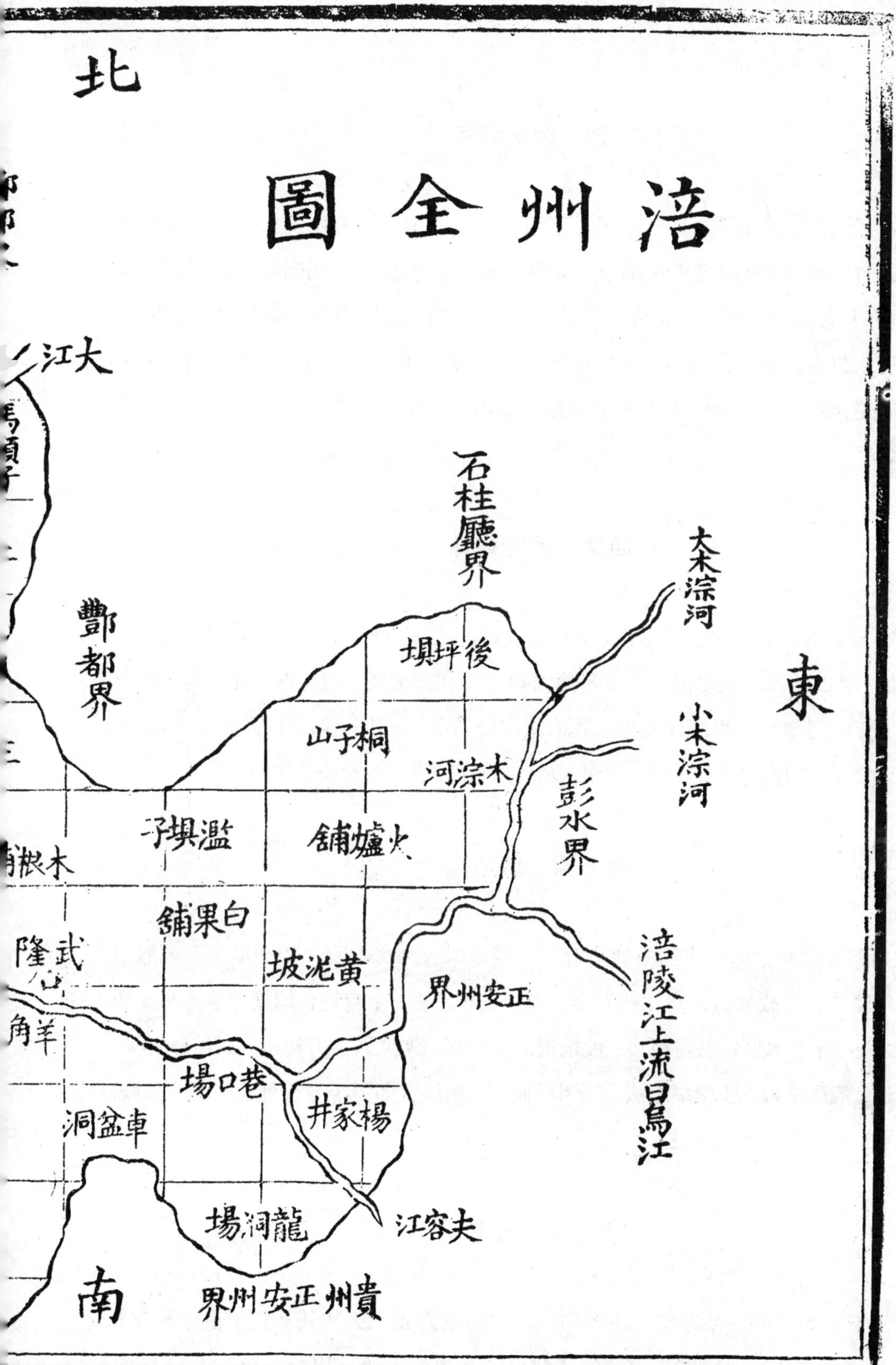
涪州全圖
北
東
南
大江
酆都界
石柱廳界
大木淙河
小木淙河
後坪壩
桐子山
木淙河
彭水界
濫壩子
火爐舖
白果舖
武隆
黃泥坡
正安州界
羊角
巷口場
楊家井
車盆洞
涪陵江上流曰烏江
龍洞場
夫容江
貴州正安州界

第三课　州治沿革

州地古属巴国。洛书载：人皇氏区天下为九囿，囿中之国有巴蜀。是巴之建国极古。周初，封同姓子爵列土于巴；周衰，楚并其地，置枳县。汉仍旧名，属巴郡。晋永和中，移治涪陵郡。后周废，徙治汉平县。隋初，郡废，改汉平为涪陵县，即今州治，属巴郡。唐武德中，始于县置州，天宝时复为郡，乾元初仍改为州。五代属蜀。宋亦曰涪州，属夔州路。元至元中，以州治涪陵、温山二县省入，改属重庆府。明亦隶重庆，今仍之。

第四课　武隆省并

武隆在州东南百七十里，汉涪陵、枳县二地也。唐武德中，始析置，属涪州。境东南有龙山，县以此名。宋改枳县（非州治枳县），元仍曰武龙，明初更“龙”为“隆”。国朝康熙七年，乃裁并入州而设巡检。其旧域东界彭水，东北界酆都，西北与州接壤，南界贵州正安州，西南界南川。地多崇山峻岭，隋唐以前，尚没于蛮獠也。

第五课　城池

州城始明宣德间，国朝康熙中两加修葺。咸丰时，因粤匪乱，诏缮城郭，州牧姚宝铭于九年肇工，一载蒇事，费约两万金。基视旧扩十之一；有炮台门楼，有外城，以防西南面之冲突；有水城，以通援兵、保饷道。不一年，逆党石达开窥涪，以城坚得全。今时局变迁，战用枪炮，建城垒之法，当因时制宜，州城宜即堡子城废址建子城、月城，而往日外城旧基，亦当增而拓之。

第六课　街道

古者王政必始道路，今地球大小各国，均以路政为先，盖其利害关于卫生及商务者绝大，非仅崇国体也。涪城街道，过于狭隘，又沟渠不通，积污蒸袭，无岁不疫。

往年壬辰夏秋，邑中病麻脚转筋死者，比户皆是。察其传染，悉从口鼻而入。向使整理街衢、荡涤污秽，当不至是。而商贾开设行店，及出于途者，亦交受其益。故街道一端，无城乡皆宜亟措意也。

第七课　里甲[①]　场市 户口附

州属五里三十一甲：长滩里七甲、场市四十，白石里七甲、场市二十三，罗云里四甲、场市十三，东西二里十三甲、场市四十五。长、白、云各里市镇，以蔺市、李渡、珍溪、沈家场为大；东西里以羊角碛、长坝等处为大。户口，同治中修志，计户十八万六千八百有奇，丁口五十四万一千八百有奇。休养至今，户在四十万左右，丁口百万有奇，数已倍于昔时。惟齿繁而地不增，不识字者又十居七八，此教养所以宜亟也。

第八课　学宫

学宫创始前明。入国朝后，州牧赵廷玉再建之。康熙中，董维祺又建之。乾、嘉两朝，时有补修。同治四年，又复缮葺，规制于是大备。大成殿后有崇圣祠，前列两庑，外有戟门。有礼器乐器库，有斋宿执敬所。左为明伦堂，右为乡贤、名宦等祠。其修缮之款，均按粮捐输，役费至万七千金云。

第九课　庙宇

州地庙宇极盛，其载入祀典者，有关帝庙、文昌宫，而城隍、龙神、火神，亦皆有庙。至各省客民入涪籍者，祀其乡之先贤，则有江西、广东、贵州各馆。其他荒诞不经，如玉皇、东狱、地藏、财神、观音、三霄、山王、祖师之类。除城镇繁盛之区，若山椒水聚、丛林岩洞，莫不绀宇碧宫，聚不耕织之僧尼，膜拜焚献。仙佛一倡，神鬼如沙，惑世诬民，莫此为盛，盖其失也久。经正则民兴，司教化者，所宜急易居吾俗也。

---

① 里甲：明清的基层组织形式。

第十课 古迹

州有荔枝园，因唐天宝征贡得名。有赤甲戍，因汉聚赤甲兵得名。有马武垭、马援坝及铜柱滩，以两贤经此得名。有怀清台、点易洞、洗墨池、黄舣沱、夏溪桥，以巴寡妇、程伊川、黄山谷、夏亚夫得名。至阳关为汉江州都督之治。龟龙关，故枳县，为齐东昏宝卷[①]之邸。而碧云亭，建于宋守范成大[②]。钩深堂，即普静院，辟修于伊川。白云书院、君子乡，即刘秋佩[③]、蔺希夔[④]旧居。浏览遗迹，缅想流风，皆足令人兴起而感奋也。

第十一课 形胜

武隆山岭纠纷，在古居巴南鄙，当黔楚之边。鹤游坪在治北百四十里，地处绝高，长百二十里、径四十里，四周斗绝，形如天船。两处皆擅形胜，与州城互相犄角。自来用兵取道，不外东由涪陵江，北由梁山、垫江、长寿三县。守武隆，所以联州肘臂，黔湘有警，不至由涪陵江直抵州城。而东南之防固，守鹤游坪，所以扼北路之冲。而大江之险宜固，贼不至一苇可航。此我朝归并武隆，而设鹤游坪州同，皆因形势据要地，筹备之最完密者也。

第十二课 山脉

南岸之山，以铁瓦寺为最高。山枕南川、巴县交界处，足称全涪左臂。北则北山坪，雄障大江北岸，而与忠属诸山脉蜿蜒相接，鹤游坪其干也。插旗山峙涪陵江之东，群峰合沓，与北岸诸山犬牙相错，东锁江流，为州城门户，其脉由彭水斜入，如桐子山、火炉铺、闟天铺、牛皮箐，皆其最高者。涪陵西岸为弹子山，脉自南川金佛山来，

---

① 宝卷（483–501）：即萧宝卷，字智藏，齐明帝萧鸾次子，南朝齐第六位皇帝（498–501 在位）。永元三年（501）十月，萧宝卷被宦官黄泰平、张齐所杀，时年十九岁。萧衍贬他为东昏侯，谥号炀。

② 范成大（1126–1193），字至能，一字幼元，早年自号此山居士，晚号石湖居士。平江府吴县（今江苏苏州）人。南宋名臣、文学家。

③ 刘秋佩：明朝重臣。

④ 蔺希夔，明涪州蔺市坪人。一生潜心理学，著有《易注》。

盘纡数百里，折入贵州，复经红荷关入涪境。此州属各山脉之大概也。

第十三课　水道

州有大小两江。大江发源青海，名金沙江，经西藏、云南六千余里入蜀，至叙州府城下与岷江合（《禹贡》[①]“岷山导江”，则以岷江为正源），东流经泸州、重庆，又东入州界，历明月峡、梨香溪、鸡鸣峡，至城东，受涪陵江水，再东出州境，下夔门，经楚、吴，称扬子江，以东入海。涪陵江即黔江，上流曰乌江，源出贵州威宁州，汇黔、楚、蜀各小水，流二千余里，至彭水江口镇入州界，历武隆白马滩，至城东入于大江。此二江经流之概也，余小水名多不著，故不具书。

第十四课　关险

州境万山绵亘，因山之险而设关。距城南一百六十里曰冷水关，百里曰碑记关，三十里曰靖远关，东南十里曰黔江关，城西五里曰鹅颈关，十五里曰龟龙关。凡险要之可扼者非一，而望州关尤关紧要。州城东、北、西三面，倚大小江为固，惟南面枕山，望州关当其冲，俯瞰城堞，独据要害。以人身喻之，两江交会处为州城，如人之腹心然；望州关如人之咽喉；黔江、龟龙两关，则左右臂也。

第十五课　滩险

州属两江险滩，甲于全蜀，而小江尤甚。大江险滩凡二十余，以黄鱼岭、横梁、马绊等处为最（其名目尚有龙王沱、铜柱滩、麻堆滩、剪刀峡、火烽滩、香炉磨盘、横石、状元堆、群猪、陡崖、门擐子、银杯子、白鱼背、百牵滩、庙基子、三官滩、土捞子、屏风滩）。小江险滩凡十余，以羊角碛、边滩、关滩、大小角梆等处为最（其名目尚有白浪、鸡子、

① 《禹贡》:《尚书》中的一篇，记载先秦地理，囊括了对各地山川、地形、土壤、物产等情况的介绍。

曲尺子、老君洞、石床滩、武隆滩、横梁子、峡门口、土捞子）。两江既擅绝险，规其形胜，设防尚易。然险之足恃，以有守险之人，若因险疏防，犹坦途耳。同治中，发逆贿勇弁，偷渡黔江，遂至流毒南方。此其已事，后之筹守御者，鉴于此可也。

第十六课　砦洞

全涪砦洞颇多，每有寇警，恃此为固。不知砦大则局涣，狭则难容多人，低既可凭陵，高又处绝地。洞之为害，烟熏土塞，断上下左右之路，皆足以困。且变起仓猝，良莠杂居，同在砦洞，苟无财帛妻子可恋，难保不与贼通。故明季之乱，川东砦洞，无一得免。国朝教、滇、发三匪之蹦涪，所在砦洞亦残破。盖不能团结吾民，万众一心，其势弱、其体散，虽有千百砦洞不足恃也。

第十七课　历代用兵　周秦汉

涪为水陆要冲，必争之地。战国时，楚威王使庄跻[①]略巴黔以西，后秦惠王又使司马错[②]取楚商於地为黔中郡，皆取道涪水，即涪陵江。汉武帝发巴蜀校尉击破且兰[③]，平南夷为牂牁郡（乐史注，涪州之义众郡，即今石柱）。光武命岑彭[④]讨公孙述[⑤]，破其将侯丹于黄石（即横石滩），准以今地。自蔺市至石柱，皆其往来用兵地。刘先主由巴水达涪（刘璋遣冷苞等拒之，皆败），张飞遂攻拔巴州。诸葛行兵，经此必驻。邓芝曾讨邑大姓徐巨之乱。故州有张爷滩、铁柜城诸古迹焉。

---

① 庄跻：楚庄王后代，战国时期楚国将领。楚顷襄王在位时期，派遣庄跻率领军队顺着长江而上，夺取巴郡和黔中郡以西的地区。

② 司马错，秦国少梁（今陕西韩城南）人，史学家司马迁八世祖，战国时期秦国著名将领。

③ 且兰：古国名。2000多年前与夜郎同时存在的部落酋长国。

④ 岑彭，字君然，南阳棘阳（今河南省新野县）人。东汉初年军事家，云台二十八将之一。

⑤ 公孙述，字子阳，扶风茂陵（今陕西兴平）人。新莽末年、东汉初年割据势力。王莽篡汉，公孙述受任为导江卒正（蜀郡太守）。王莽末年，天下纷扰，群雄竞起，公孙述遂自称辅汉将军兼领益州牧。建武元年（25），公孙述称帝于蜀，国号成家（一作大成或成），年号龙兴。建武十一年（35），汉廷派兵征讨，被公孙述所拒。次年，复命大司马吴汉举兵来伐，攻破成都，纵兵大掠，尽诛公孙氏，“成家”败亡。自公孙述割据益州称帝，共在位十二年。

第十八课 历代用兵 晋及六朝

州当晋咸宁中，王濬[①]参军李毅由涪陵济师入吴。李雄[②]之乱，蜀人结塞自保，或纷纷逃徙。惟涪民千余家，往依青城山处士范贤得存。永宁五年，氐隗文[③]反，三府吏民入涪。建兴以后，中原大乱，各郡守共推涪陵兰维为西夷校尉（维时为汶山太守）。及刘裕两讨谯纵，一命刘敬宣上夔峡，一命朱龄石进白帝，皆由涪取道平蜀。齐梁时，宇文泰遣别将[④]东略涪、夔。此皆师之自外入者，若齐宝卷自涪遣军救郢州，而屯加湖，则内出之师也。

第十九课 历代用兵 唐及五代

州有黄草峡、清溪镇，俱滨大江。隋唐时，獠贼聚黄草峡为州害，爰改隶江陵，置兵镇守。大历中，泸州刺史杨子琳反，沿江东下，王守仙[⑤]伏兵峡内待之，兵败见擒。开成三年，牂牁蛮寇清溪镇，镇兵击却之。五代之乱，高季昌[⑥]以夔、万、忠、涪四州，旧隶荆南，出兵争取，不克。后唐长兴初，孟知祥[⑦]、董璋[⑧]拒命于蜀，石敬塘[⑨]奉命往讨无功，璋遂陷阆中，略定涪、合、巴、蓬、果等州，知祥复并东川而有之。

---

① 王濬（252–314），字彭祖，太原晋阳（今山西太原）人。西晋时期将领。

② 李雄（274–334），字仲俊，李特第三子。十六国时期成汉开国皇帝，306–334 年在位。李特在四川起兵时，被封为前将军。303 年李特丧身沙场，秦文王李流收拾残兵败将，接管其部，自称大将军、大都督、益州牧。李流病死后，将军权交给侄子李雄。李雄自称大都督、大将军、益州牧。不久，攻克成都。304 年称成都王，建元建兴，306 年称帝，国号“大成”，史称成汉。

③ 隗文：两晋时成汉将领。

④ 别将：配合主力军作战的部队将领。

⑤ 王守仙：涪州守捉使。

⑥ 高季昌（858–929），字贻孙，陕州硖石（今河南三门峡东南）人。五代十国时期南平（又称荆南）开国君主。

⑦ 孟知祥（874–934），字保胤，邢州龙冈（今河北邢台西南）人。五代十国时期后蜀开国皇帝。

⑧ 董璋，原为后梁太祖朱温的亲信将领，后归附后唐，任东川节度使。

⑨ 石敬瑭（892–942）：后晋高祖，五代十国时期后晋开国皇帝。年轻时隶属李克用义子李嗣源帐下，时后梁朱温与李克用、李存勖父子争雄，石敬瑭冲锋陷阵，战功卓著。后唐末帝李从珂即位后，石敬瑭时为河东节度使，双方互相猜忌。清泰三年（936），石敬瑭起兵造反，后唐军兵围太原，石敬瑭向契丹求援，割让幽云十六州，并甘做“儿皇帝”。随后在契丹援助下，石敬瑭称帝灭后唐，定都汴梁，改国号为“晋”，史称后晋。

第二十课 历代用兵 宋元明统一

州地入宋后，除王全斌[①]等伐蜀，尽平万、施、忠、涪。诸州地尚在久分甫合之际，自元明两朝，遂归统一。此后用兵，不出外患内忧两端。宋开庆元年，蒙古主蒙哥攻合州，命将纽璘[②]造浮桥于涪之蔺市，以杜援兵。吕文德[③]力战攻之，始复重庆。孟珙[④]、余玠[⑤]帅蜀，蜀四路残破，仅保夔州。德祐中，失而复收，皆出张珏[⑥]之力（时珏守重庆），珏败，涪遂沦于元（州将王明不屈死）。明洪武，命汤和[⑦]、廖永忠[⑧]取蜀，舟师由瞿塘进涪州。两朝用兵，水道皆由忠、涪趋重庆，涪失则重庆不守。涪之关系川东如此，此皆外患也。

第二十一课 历代用兵 续前

内忧则宋熙宁时，熟夷李光吉、梁秀等三族，据板楯蛮地劫掠，是为宾化砦改龙化县，而隶涪州之役。元则明玉珍据蜀，青巾盗李喜喜亦同时聚兵，是为杨汉屯军平西坝[⑨]备御之役。明天启、崇祯间，贵州土司奢崇明、摇黄十三家贼之反，流贼张献忠之乱，是为涪牧胡平表走石柱乞师，分守道刘龄长兵败李渡，总兵曾英退保望州关，并督水师将余大海两路夹攻，大战献忠于合川，袭取广才营于多功城之役。

---

① 王全斌（908–976），并州太原人。五代至北宋初年将领。乾德二年（964），王任忠武节度使，同年任西川行营凤州路都部署，率军三万攻后蜀，连克兴州、利州、剑门等地，使后蜀皇帝孟昶奉表投降。

② 纽璘，珊竹带（蒙古尼鲁温部一支）人，元朝重要将领。

③ 吕文德，字景修，南宋晚期名将，淮南西路安丰军霍丘县（今安徽霍邱）人。出身平民，早年被赵葵收入麾下，以抗击蒙古起家。他转战江淮、荆湖、四川各地前线30多年，多次击退蒙古军队，取得骄人战绩。

④ 孟珙（1195–1246），字璞玉，号无庵居士，随州枣阳（今湖北枣阳）人，原籍绛州（今山西新绛）。南宋军事家，民族英雄，抗金、抗蒙名将。

⑤ 余玠（1199–1253），字义夫，号樵隐，蕲州（今湖北蕲春）人。南宋名将。

⑥ 张珏，字君玉，南宋末抗元名将。

⑦ 汤和（1326—1395），字鼎臣，濠州钟离（今安徽凤阳）人。明朝开国功臣，军事将领。

⑧ 廖永忠，明初名将，朱元璋西征四川时任征西副将军。

⑨ 平西坝，距离涪陵城区24公里，四面环水，是一座孤岛，也是军事要地。

第二十二课 历代用兵 国初勘定

国初川省兵祸分三端：一明遗孽杨展、樊一衡、余大海、李占春、袁韬、曾英、土司牟胜诸人是也，一土匪流寇摇黄、王友进、扈九思、孙可望、刘文秀诸人是也，一反应叛藩吴三桂之谭洪、彭时亨诸逆党是也。摇黄乱凡九年，展、占春、大海、韬、英等，与其叛乱相始终。兵贼交哄，兵之劫掠，无异于贼。可望、文秀，皆献忠余党，势尤凶残。川东北至千里无烟。顺治四年，肃王取涪州，败走袁韬。十六年，大兵下叙州，沿江州县款服。牟胜据武隆维摩洞拒命，大兵克之，解京，令招未服自赎，于是蜀乱稍平。康熙时谭逆叛，涪与川东州县尽陷。二十年再叛，涪又被扰，计凡八年而后肃清。时吴逆死，群贼退保滇南一隅故也。

第二十三课 贼氛 白莲教

白莲教匪之乱，蹂躏遍于全蜀。嘉庆二年，匪首王三槐三犯州境，由黄草峡窜入，焚劫珍溪、李渡，鹤游坪被祸尤甚。三年，林亮功之党王光祖、包正洪、萧占国、张长庚等，复扰江北涪、忠等处。而徐天德、冷天禄二巨股之扰州境，由三伏岭卡入鹤游坪，几为所据，赖勒经略大营兵往救，贼乃遁走；四年，为官兵屡挫，始由达州、邻水各窜去。十一年，又有州民王于崇响应马鞍山（长寿地）教匪事，邑人陈焕率团勇往剿平之。

第二十四课 贼氛 刘汶礼

刘汶礼为妖人刘义顺党羽，义顺匿州城，以邪术煽众。咸丰七年，密谋五月倡乱，以教中王巴颈案破谋泄[1]，义顺逃。汶礼惧诛，遂先期纠党破鹤游坪，戕州同昆秀。时重庆镇皂陞会哨峡江归，闻变，委州绅施久膏与把总龙安邦会勘。久膏遣猎户陈芳元

---

① 王巴颈案：白莲教经过长期活动，教徒遍布川、黔、秦、陇、两湖各地，准备在清咸丰七年（1857）端午节，同时在湖北西部及四川石柱、长寿等地举行起义。不料教徒王巴颈被捕，泄露了起义秘密。

率人先往游猎，自督珍溪镇团练往剿。州人汪绍洋、赵宗宣等，亦率飞龙、罗家两场练丁会攻。陈芳元密受久膏方略，乘贼党出击，直捣其巢。遂与冯大鹏、张映山等肉薄登坪，获汶礼于瓜坪卡，解州伏诛。

第二十五课　贼氛 发逆滇逆

咸丰十一年，涪两被寇。一为发逆[①]傅、李二酋，由黔窜入之众；一为滇匪周蹁子，由梁山、垫江，分犯重属州县之众。发逆取道红荷关，越弹子山至羊角碛，扎浮桥渡涪陵江。州牧姚宝铭率在籍教谕高伯楷、毛徙南等，奋力堵御，贼乃由木棕河窜彭水。滇逆既据梁山平井铺，直趋鹤游坪，从石峡卡入据州同署，欲倚为巢。同治元年，蓝大顺一股，亦由垫江窜至。两贼合而不相能，乃改由李渡、珍溪窜酆都，迨楚兵云集，贼始全数退去，百里为墟焉。

第二十六课　石达开犯蜀

石达开在发逆中极凶悍。咸丰末年，湘军东讨，达开遍扰湖南，图牵制。又乘蜀备虚入寇，以赖汶洸为前锋。同治元年，贼渡涪陵江，由南川入州境冷水关趋巴县，其后队分扰州之兴隆场、五马石等处。达开自率悍党围州城，州牧姚宝铭偕邑人徐邦道婴城守。贼穴城、接战均不利。时骆文忠公督蜀，防守严密。刘岳昭、唐炯、唐有耕诸将，率水陆援师。克日集城下，贼不得逞，乃解围去。盖贼之注重不在涪，故未大创即窜。

第二十七课　种族

世谓巴之南鄙，多獽蜑之民，又相传有廪君、盘瓠[②]之种。涪地南接五溪，环列砦洞，当秦汉后，夷汉杂居，种类固自不一。考蜀汉时，诸葛发涪陵郡劲卒三千为连弩士，又取

---

① 发逆：清廷对太平天国的蔑称。

② 廪君：相传远古的时候，土家族的祖先巴务相被推为五姓部落的酋领，称为“廪君”。盘瓠：中国古代神话中的人物，畲族与瑶族的祖先。

赤甲卒于涪；邓芝复移郡豪徐、蔺、谢、范五千家为猎射官；晋常璩[①]赞枳县人士，有章、常、连、黎、牟、杨，为郡冠首。则涪州开化最早，所称獽蜑之民，至元已无土著。明季之乱，残灭几尽，今州人皆国初自外省迁入者，小溪虽有土苗数十户，亦乾隆中安插，非旧遗也。

第二十八课　农产

州地农产之物，以米与罂粟为大宗，苞谷、麦豆次之，其余粱、秫、荞、粟等类，所出不多。东西里山高地瘠，产米稍少，而洋芋、红薯、蹲鸱、蔓菁、回麦、鹅掌之属，民亦资以为食。大抵州民以米与苞谷为恒粮，其一切输纳、宾馈、薪、盐、零杂之需，多取给于售烟之资，故皆贪种罂粟。不知占地过多，粮食益减，偶有偏灾，饿莩流亡，绠属于道。此亟宜劝导，拔去毒卉，增种食物，以为余三余九之计者也。

第二十九课　土货

涪地所产之物，经工制成，售于境外者绝少。两汇口、新庙场等处，设有纸厂，每岁出纸甚夥，本境销用外，多贩往忠、万各属，惜纸皆粗劣不精美。附城有数厂鼓煽铸煎盐之锅，仅供川北诸场灶用。他如牛羊皮、猪毛、鸡鸭毛、松油、松烟、靛蜡、药材等物，岁亦购运出境。小江运出各货，如麻、棓、漆、蜜、碱、杠炭、药物、桐棬各油，本地销用有余，亦转运上下游各州县销售。

第三十课　树艺

树艺当以种桑为最。涪土温和宜桑，近岁司牧者广为劝导，植桑日众，将来蚕业或可普兴。境内万山重叠，所植松、杉、桧、柏及各种杂木，颇擅其利。而种竹一端，除造纸、建屋、制器外，可揉为麻、析为条，销售远近，为利尤厚。余如柑、橘、橙、柚、杏、桃、梅、李及各种果品，涪产亦富。东西里森林甲他处，日本雁皮纸，勒洁

① 常璩（约291–361），字道将，蜀郡江原（今四川成都崇州）人，东晋史学家。

适用，其料即思南之榖树，移植二里，土性甚宜。州中又多樟树，仿制樟脑，亦自然美利。此皆急宜讲求，以开拓利源者也。

第三十一课　盐卤

涪陵郡志、《舆地纪胜》[①]，均载武隆出盐；九域志[②]亦谓涪陵县白马驿有盐场。按白马镇距武隆司三十五里，即昔驿地，曾设盐官。当晋康定间，程运使察江中有硫磺气，召工开凿，果有盐脉，乃迁忠州灶户，授以煮法，其地薪茨赡足，开灶至四百余所。又治东百里盐井沟水亦可煮盐，前人留二釜于井口。由此观之，盐利荒废久矣，地蕴其宝，而仰食他邑，岂非舍近图远哉？

第三十二课　矿产 沙金附

涪界矿藏极富。治东百里曰铜矿山，出铜，上有开采炉冶遗迹。六十里曰朱砂坪，出丹砂，据《管子》上有丹砂、下有黄金，则为金矿无疑。治东三十里曰开池，出钢铁，造为刀曰文铁刀。而全界煤、铁矿尤盛，近如长坝之铁，边滩、小溪、黄草山等处之煤，俱取用不竭。惜法拙器笨，利不尽辟，且有惑于风水封闭者。沙金沿江匝地皆是，而平西坝所出尤盛，惟淘采无善法，得不偿失，故听金之弃地而无人求取也。

---

① 涪陵郡志：涪陵历代地方志书。《舆地纪胜》：南宋中期的一部地理总志，王象之编纂，成书于南宋嘉定、宝庆间，200 卷。

② 《元丰九域志》：北宋历史地理名著。王存主编，曾肇、李德刍共同修撰。全书分十卷，始于四京，次列二十三路，终于省废州军、化外州、羁縻州，分路记载所属府、州、军、监及其距京里程、四至八到、主客户数、土贡、领县数和名称。

第二卷　政治门

第一课　官制

官制历代沿革不同，自涪地置郡及改设州县以来，有都督、都督长史、刺史、观察、转运使、宣慰司、太守、都尉、关都尉、农都尉、属国都尉、别驾、侍制判州事、侍制权知州事、通判、侍制判宫事、侍制权知军事、主簿、左右司马、录事、参军、司户、司理、司士、县令、县丞、县尉、县簿、州幕属吏目、县幕属典史、总管钤辖司、推官、郡纠曹掾、文学掾、户掾、教授、学正、教谕、训导、劝农使、知州、同知、掌狱、监茶、监盐、监酒、监税、巡检等各官名。国朝设知州（理钱、谷、讼、狱）、吏目（理捕、缉、囚、系）、把总（理城防）、学正、训导（理学校）各一员，同驻州城。设州同驻鹤游坪（理附近相验、窃盗、娼赌），设巡检驻武隆（理附近窃盗、娼赌）。其驻涪分巡下川东兵备道一员，则国初已裁矣。

第二课　吏役

知州衙门设吏、户、礼、兵、刑、工、承发、盐、仓共九房，户、礼、兵、仓各房设典吏二，余皆一名。旧有广盈库、预备仓、架阁库、邮驿房四典吏，今裁。经书、刑户两房人极众，余房亦共数百人，额属人役、仵作、马步快、皂隶、门子、城门夫，共五十四名，今亦增至数百人。吏目衙门额属人役、攒典、书识、门子、皂隶、步快、马夫，共十九名。把总额属兵丁五十名。州同衙门额属人役、典吏、书识、门子、皂隶、步快、仵作、马夫，共三十一名。巡检衙门额属人役、攒典、书识、门子、皂隶、弓兵、马夫，共十七名。而两处皂快弓兵，亦各有加增，非仅额设之旧矣。

第三课 乡吏

国朝革明代里正[①]加派之扰，行保甲之法，令州县十家立甲长，百家立保正，一乡立保长。盖即古乡吏乡官之遗，州境各里有团首、甲长、乡约之属，共推公廉士绅为之，长曰总团。而城中有八省，各场镇又有公所庙会，悉于本会中公选妥人为经事。地方有应办与疑难事，或下之议，或自邀集议，凡所以承流读法，平乡曲之争、通官民之情。虽不若汉之三老[②]掌教化，啬夫职听讼、收赋税，品流稍重而调处讼狱，振兴保卫地方，亦颇资襄赞焉。

第四课 贡赋

土贡。据乾隆府厅州县图，载重庆各属贡物，内有蜡与文铁刀，实州产也。田赋自武隆并入后，疆理较阔，起征之数亦增，每岁额征正耗连闰银共六千三百七十二两七钱四分七厘。同治军兴以来，秋粮加征（即今捐输），迄今未免。盖川粮名轻实重，火耗、津贴、捐输一切之多，暨协助邻省、京畿各饷，赈捐、加派诸类，已不亚苏、浙钱粮至重之区，且州地硗瘠不耐旱者，既十居八九，而粮户飞洒过拨、粮差架抬诸弊，亦同于他邑。此逋欠追呼之所以不能免也。

第五课 农政

州地前代有农都尉、劝农使等官，以督农政，今其职废。牧令悴于簿书，劳农劝相，或不暇及。故境内农田水利，迄未大兴。其已开浚如金钗、双分等堰，不下数十处，然农安守旧，田岁易主，未兴凿者实多。且运水、杀水之法未讲，下田之水，不能达于上，潦则障水以害邻，旱则数十家共一堰，彼此俱不满欲，以争水涉讼者，无岁无之。是宜急兴农学，考求土宜物产及种植、粪壅诸法，使野无拙农、地无遗利，庶物力之

---

① 里正，又称里君、里尹、里宰、里有司等，是中国春秋战国时的一里之长，主要负责掌管户口和纳税，明代改名里长。

② 三老：古代掌教化的乡官。

丰殖，可大胜于前也。

第六课　盐法　附茶课

川盐未改官运以前，涪州税额有射洪、犍为、富顺三水引，合计五百七十三张，每张征税银三两四钱零五厘，加入截角羡余，共征四千九百二十五两一钱[①]。其酉阳、秀山、黔江、彭水、咸丰、来凤等县，计口引张，配运犍为、富顺二厂盐，并三台、射洪、盐亭、中江、蓬溪、犍为、富顺等县引盐之运往贵州思南等府，均由州查验转江者，不在此内。改运以后，州设盐局，置防营，计岸边岸，由商分认，纳银押岸，给予凭照，税由商缴，价由官定，民称便焉。茶课原额与加增之引，共二百张，岁纳正税暨羡截票息银一百四十两零二钱，并入正赋征解。

第七课　烟课

州治向只设烟厘分局，近因产烟日繁，厘课益旺，总局亦由万移涪。而各要地如江口、马颈子、荔枝园诸处，复设有分卡。每岁税厘，总局约九十万金，分局征于涪地者，亦三十万金。并严禁伪膏，养勇巡缉。说者谓十余年来，涪烟贸之盛，甲于川东各属。究其盛衰转移关键，固宜注重禁售伪膏，然亦有货本无他，其人忠朴，竟横遭鱼肉，广行贩售，获利致富，反幸逃法外。盖奸侩蠹民藉害亦甚烈焉。

第八课　关税

州治设税关一，在涪陵江口，本夔关之分卡也，盖恐川货由彭水、来凤等处绕行出口，以致税课偷漏，故移驻以巡缉之。后因征收小江出涪木料、药材之税，储缴夔宪，置司事暨察河勇丁。近日运出油、炭、漆、麻及各种零星食用之物，概行收税，则变本而加厉也。其贩运木药各商，照章完纳，尚无过累，惟诚朴乡愚之不谙规则者，实

---

① 清代前期四川盐课征收的主要税目有井课、引税、羡余、羡截四项。

不免为司关人役之愚弄威胁。此弊之当除者也。

第九课　杂征

州属杂征名目甚夥。各乡镇公议摊派，如斗息、称厘、炭厘、帮费，行规、庙规等，概归本地学堂与办公应差之用。其归公经理者，有肉厘、镫捐、酒税。酒税不可预定，肉厘岁约一万四五千金，镫捐岁约五六千金。酒税全数暨肉厘三之二，缴归上宪；其三之一，与镫捐全数，备州中学堂、团练、保甲诸大政之用。第征收多有中饱遗漏，非勤加厘剔，或不能涓滴归公云。

第十课　差徭 附保正

国朝丁赋并入地赋。康熙时永免滋生人口之赋，于是天下无徭役。咸、同中，军事孔亟、邮递稍繁，蜀中州县设夫马局，丁文诚公[1]督蜀，以其扰累，奏裁之。迄今公家有事，雇而予值，无所谓差徭也。涪地当水陆之冲，迎送官长，例有夫差，皆按日给值。州署补葺修理，需各项工役，亦给官价，无空役也。应用竹木，向责之保正，现以保正所领公称年息拨归学堂，于是一切供应，皆豁免焉。

第十一课　圜法

涪市通行银币，辅之以铜钱。其市物兑换用银者，有扣水折平诸弊。而私铸伪银，境内最盛，商贾时遭其害。用钱则扣底少数，搀杂毛钱，出强之行，入必检择争补，为害市场较银尤甚。近岁国家铸造银圆，重庆设局督销，而州境不能畅行者，因平码

---

① 丁宝桢（1820–1886），字稚璜，贵州平远（今贵州省毕节市织金县）牛场镇人，晚清名臣。咸丰三年（1853），33岁的丁宝桢考中进士，此后历任翰林院庶吉士、编修，岳州知府、长沙知府，山东巡抚、四川总督。丁宝桢为官生涯中，勇于担当、清廉刚正，一生致力于报国爱民。任四川总督十年间，改革盐政、整饬吏治、修理都江堰水利工程、兴办洋务抵御外侮，政绩卓著、造福桑梓、深得民心。光绪十二年（1886）丁宝桢去世，享年66岁。朝廷追赠太子太保，谥号“文诚”。

不合，缴领之际，或受亏折。并奸商以银圆既行，则前弊皆绝，不利于已，阴挠阻之。此圜法之坏，当急为补救者也。

第十二课 仓储

州城旧置常平、社、济、义各仓。武隆、鹤游坪亦置义仓，其谷或由采买，或岁收义田所入。而藉田余谷，亦储署仓。合计共存谷一万九千三百余石。自丁文诚公谕办积谷，按亩征收，分段积储，全境实存新旧谷六千四百余石。去今两岁，略受偏灾，已拨出二千余石赈粜。俟丰岁谷价稍平，必购填足数，以备荒政之需。盖经理得人，既不患监守之盗，而积谷借出生息，亦岁有所增。是在牧令之勤加厘察，而择贤以任也。

第十三课 朝贺 迎春

朝贺，圣诞[①]、元旦、冬至三大节行之。于公所设“万寿龙亭”，陈香案于亭南，校官纠仪，弟子员[②]通赞[③]，群官三跪九叩，皆按会典行如仪。迎春，每岁于立春前一日，印官[④]亲迎春于东郊，吏目副之。是日州城士女，填衢溢巷，履舄交错，鱼龙曼衍，百戏杂陈。次日鞭土牛于署前，乡农或争取以归。此则岁丰民乐，从宜从俗，与典礼不尽相应也。

第十四课 祀典

每岁仲春仲秋上丁日，有司致祭“圣庙”。长官正献[⑤]，两序以其贰及属司之，两庑

---

① 圣诞：皇帝的生日。

② 弟子员：明清对县学生员的称谓。

③ 通赞：一种礼仪习俗。

④ 印官：明清制度，从布政使到知州、知县等各级地方官皆用正方印，故称“正印官”或“印官”。其他临时差委以及非正规系统官员，则用长方印。

⑤ 正献：古代祭祀，向受祭者行献爵献帛之礼。与向配飨者行献爵献帛之礼的“分献”相对而言。

以食饩[①]弟子员各一人司之。乐有昭平、宣平、秩平等奏，舞有宁平、安平、景平[②]等节。器数仪制，与省会埒。余如名宦、乡贤、忠义、孝弟、节孝诸祠，皆以春秋致祭；社稷、山川、水庸、先农、厉坛各祀，亦备举焉。而昭忠祠一在大江北岸，祀嘉庆死教匪难者；一在分州，祀咸、同时死滇发两逆难者。此皆祀典之大端也。

第十五课　选举 附宾兴学田

我朝以科目取士，然博学鸿词、孝廉方正，皆由特荐。近岁开经济特科，亦由一二品大员各荐所知。则选与举未尝不并行也。鸿博与孝廉方正，州志未载有州人与选者，而宋时李椿一家三举神童、国朝州人由甲科入翰林者，指不胜屈。同治乙丑一榜，登第至三人，可谓盛矣。州属学额，武试未停时，岁取文武各十五名，拨府各二，科试文十五名，拨府一。取进生员赴乡会试者，既有宾兴[③]公款以资津贴，而岁科两试院费，暨两学平日应需各费，又有学田租入以备用（尚有棚费一款，由三费局支解），涪士亦勇于向学，故科目较胜他邑云。

第十六课　倡办学堂

州境旧有钩深、桂馨、鹤鸣、石阳四书院，及义学十数处。自奉新章改设学堂，城乡一律举办。除书院、义学旧存之款外，更取给于肉厘、斗称息、庙会、神金各项杂捐与闲款可划拨者。涪地向称饶裕，集款尚易。自光绪二十九年，建高等小学堂于城外南岸，改钩深书院为师范学堂，以预造师资。三十一年，开学各场市，如珍溪、蔺市各学堂，规模差与州埒。各种教科书，经官绅编刻，亦粗臻完备，将来成就必大可观也。

---

① 食饩：明清时经考试取得廪生资格的生员享受廪膳补贴。
② 昭平、宣平、秩平、宁平、安平、景平：祭祀音乐歌舞。
③ 宾兴：科举时代地方官设宴招待应举之士。亦指乡试。

第十七课　营兵　附军械

州治在明时设有卫千户、百户等官，操兵五百，隶之守道。国初设守备一、千总一、把总二，操兵三百，以为驻防。康熙四年，守备移驻忠州，改设把总一。兵额有弓箭手、鸟枪手、哨船水勇，共若干名。军械自滇、发两逆警后，虽略有加增，而刀、矛、弓箭、角乂、藤牌外，火器仅劈山、抬枪、营枪、罐子炮等制，在今日已成废钝之器。而各兵训练，亦多衍饰旧法。武备之未足恃如此。

第十八课　保甲　附水保甲

涪无保正、保长等名，五里各甲析为团，置长，匀团而统之曰总团，有副。盖保甲、团练相辅而行也。境内群山纠纷，险邃砦洞，隐阻村谷，华离左僻，窝盗所丛。东西里林箐深密，毗连黔湘，流民游匪，勾蔓为害。而各处赌场之多、烟室之密、女闾之繁，皆足藏纳污垢，为劫搕之媒。非实行保甲，稽查不懈，不能清匪盗之源而收实效。又沿江上下，往来倏忽，尤易薮奸。宜于水保甲力加整顿，庶过境客船，不至有戒心焉。

第十九课　团练　附渔团

团练者不足战而可以守，不足摧外至之巨寇，而可锄内生之细奸。虽然，苟得其人，则金华以六合团著、绍兴以包义士团杀贼，未尝不并收其效也。州中镫捐一款，岁出颇巨，储以备练也。前尝粗置军火，练百名于州城，然率窳惰不可用而苦骚扰，今已裁去。各里团练，尤废弛不振，厅泛往时虽出点阅，徒应故事、收规费，练与否未尝问也（岑帅督蜀裁革）。蜀苟有事，涪实战地，是团练尤所宜急，不可不预筹。而沿江水勇，亦宜整饬，或谓大小江多渔艇可团，此固未必有大效，然以稽诘洲薮伏奸，亦或稍资臂助焉。

第二十课 讼狱 附代书

州境讼狱极烦，虽箕帚豆觞、铢金尺帛之微，罔有不讼。精明之吏，日且不给，无论教养大端，绝难措手，即簿书期会几困于此而莫克赴。往日代书充选，必署馈多金，历岁积亏，遂取偿于民词，今幸革其弊。而书差之横，择肥而噬。一票未至，举家夜惊。一案初结，良产已破。蚩蚩之民，乃乐此不疲。虽由上失其教，睦姻风息，而比岁物力夺于罂粟不足则争。孟子谓："菽粟如水火，民莫不仁。"为牧令者，当思所以致此之故，而施补救之术也。

第二十一课 三费

三费者，其一为棚费，其二则解犯与相验也。未兴三费之前，或摊征民间，或移用别项公款。徐筹补填，扰累之害颇形。而相验一端，苟路有殣尸、邻遭人命，为之地主邻佑者，鸡犬一空，其害尤酷。后因筹集的款，置产生息，呈词格式内亦略有所取，委绅设局经理，涪民之困稍苏。惜近日颇形支绌，每有命盗招审，率无以应。此实州中要公，宜早为挽救也。

第二十二课 监卡

州治监卡皆不完固。监或岁修，吏目督其工；卡则潮湿蒸秽，虫鼠委毒，暗无天日。岁丁酉州大饥疫，卡犯死亡几尽，囹圄为空。以轻罪微犯，致堕魑魅窟穴，感疾捐生，殊可悯也。前州牧国公既改修监卡，且令各犯作粗工鬻钱自给，实慈惠之政。现奉新章创修劝工局，即于中设罪犯习艺所，将来各犯入所，既免卡卒、老犯之凌虐，而工艺娴习，释后有以自养，不致再犯，刑狱或差可清省也。

第二十三课 恤政

州设养济院于城西，以收养贫民。设栖流所于三清观侧，以安宿流亡。漏泽园筹备善需，置有鞋履山、堡子城诸业。而志仁堂倡建于前州牧姚公（时同治六年），有育婴、恤嫠、义学、施药、施衣、施棺、拯溺、埋胔各条，尤恤政之大者。惟州属地广人稠，仅此数端，实有不能普及之势。尚宜逐渐推广，而养济贫民。当令习工勿徒收养，婴孩宜遵照新颁蒙养院章程以保卫教导，无漫付之粗俗妇媪之手也。

第二十四课　津梁

州地津渡，各里小溪涧多设义渡，不取值。大小两江过客则雇民船予值，然皆经公协议，受雇船只，予值多寡，皆有定也。附城渡船，每于夏秋涨时，志仁堂外加津贴，尚无婪索之患。桥梁州志载入者，一百七十五，而长里之大龙、金龙、高厚、二南、七星、节妇、宝莲、致远、广济、广慈、高永、土磋洞、永寿等桥，白里之印星、太平、长乐、黎只、乘龙等桥，东里之永济，西里之天福、观音等桥，皆建于前明，且多巨工。至山溪屈曲，时架杠梁，随处皆是，繁不胜记也。

第二十五课　邮政 附塘铺

涪地未设邮局以前，公件专差驰送，民间信函货物，悉由民局投递。光绪二十八年，推广邮政，始于涪置分局，邮费既轻，又可及远，于交通大为便利。塘房州境共二十所，土主庙、冷水关、火炉铺、木棕河等十五处，陆塘也，李渡至守径溪五处，水塘也，烟墩、哨楼、栅栏俱全。铺司共十四处，每处置兵二，共二十八名，每名月支工食银五钱，遇闰加增，岁共支银一百八十二两。

第二十六课　保险

涪州保火险者，有水龙、水枪诸具，惜为数尚少，旧用麻搭、钩镰，亦多朽败。甲申八月，州城被毁，延烧万家，死者以数百计，诚为巨灾。而事后多从醮禳[①]，不推

① 醮禳，指设醮禳解，旧时祭祀、祈祷神灵的迷信活动。

广救火之法，蔽亦甚矣。保水险者，有救生红船五只，水手十二名，惟险滩过多，殊难遍及，又有捞货不援人之弊。志仁堂悬有救生赏额，其患稍杜。活人颇众，能于此二端再加扩充，设保险之局，练抢险之丁，订救险之章，重赴险之赏，则成效将益著而利赖普矣。

第二十七课　交涉

涪地与外人交涉，约有三端。地跨大江，水程所经，其游历过境者，必拨役护送，报其出入日期于上宪，此游士也。外商由吴楚连樯而来，船损于境，必单呈失货，官为钤印，报之关道，此商舶也。而最易开衅者，莫如行教一端，盖教民之倚势，吾民之逞愤，两相龂龂，动生事端。往年州城及李渡，有焚毁教堂之事，近虽稍为安揖，然亦间有细故肇讼。其司铎[①]与领事来相干涉者，惟断狱者力持其平。公理所在，彼虽横狡亦终莫能逞，是在司牧之得其人。况外国人士亦多明理，若奸人藉端与外人为难，则又在所必惩矣。

① 司铎：天主教神父的正式品位职称。

第三卷　风俗门

第一课　中世民俗

州在汉晋间为涪陵郡属县之一（即枳县），民质直好义，士风敦厚，有先民之遗。晋孝武后，五教雍和，秀茂挺逸，朝有忠贞之臣，野有歌咏之音，其见于常璩《华阳国志》者如此。惟南境山川险恶（即今武隆等地），其人民纤陋少文学，性质戆勇，县邑阿党，斗讼必死。盖地气迫不得舒，瘠土之民，所禀受亦差异云。

第二课　士习

涪士当制科未变时，多重科第，攻制举文间及词赋。近三十年，风气稍更，或研究训诂考据之学。自中外多故，时局益变，学界亦日新。其俊异者，留心经世之务，或奋志远游，以拓学识而裨世用。前后由官资遣者，学管理、学校法于东洋，学速成师范及理化科于湖北。而自备川赀游学者，亦赓续不绝。盖州地跨长江，文明输入较易，士类开通者亦占多数。他日宏彦辈出，可拭目期矣。

第三课　乡贤

州志载宋以来乡贤，祠祀者三十四人、未入祠者二十七人。兹略著数人行谊，为后进楷模。宋，谯定，从程子学《易》于汴，谪涪又从之。戛渊，字亚夫，受学于朱子，世居襄阳，后徙蜀，家涪坪山。周卿，亦朱子门人，涪地传程朱之学者，实首于数公。明蔺希夔，潜心理学，从游甚众，颜其庐曰万松窝，有易注行于世。国朝周煌，字海山，由进士改庶吉士，授编修，迭掌文衡[①]，累官至尚书，上谕有老成端谨之褒，卒谥文恭，《国史列传》[②]与谯、夏诸人并崇祀乡贤。未入祀者：范贤，以名德纪于纲目；庹正，理学与夏渊齐名；周茹荼，以节义著称，不附贼闯；陈永图，以经术造士，俱卓有表现焉。

第四课　孝友

孝友，自明以来，祠祀者十二人，未祀者一百二十余人。其著者：明夏正，五岁时闻父前浴江死，问江何所，母遥指其处，即恸哭赴江所，家人追抱止之，长为博士弟子，母病刺血和药进卒得瘳，纯孝终身，子孙多贵显；国朝周俨、周儒，奉亲居山中，遭谭宏乱，贼夜至，儒奋身出敌，贼砍之，俨捍贼护亲，受巨创，儒率邻众反攻，贼骇窜，明日，儒创裂死，俨得痊，后抚弟孤，恩谊周至，亲没七日绝食饮，须发尽白，人皆感其至孝，文恭公[③]即其孙也；施久膏，以孝义著称，州志遗其名，今州牧廉得之详，举于朝，获旌，并由史馆立传，潜德始显，准此推之。邑人士懿行纯谊遗于志乘者多已。

第五课　忠烈

忠烈，州志载晋以来三十余人，其尤烈者：明，何仲山，令河南武安县，遭土寇，城破被执，公誓死不回，贼缚公高竿，以矢拟之，公辞愈厉，贼终义之不加害；刘蒞，字秋佩，官给事，以劾刘瑾[④]，廷杖下狱几死。王阳明，蒞同年友，抗疏论救，亦谪龙场，尝寄诗相勉，瑾诛得释，后起为金华守，考满擢江西副宪[⑤]，以杖创发告归，卒谥忠愍，

---

① 文衡：以文章取士的标准来取舍权衡，又指科举制度下的主考官。

② 《国史列传》，即《清史列传》，清代人物传记书、史书，共八十卷。

③ 文恭：周煌谥号。

④ 刘瑾（1451–1510），陕西兴平人，明朝宦官。弘治年间犯罪赦免后侍奉朱厚照，博得明武宗的宠爱，数次升迁，官拜司礼监掌印太监。掌权后专擅朝政，作威作福，鱼肉百姓，为“八虎”之首，时人称他为“立皇帝”，武宗为“坐皇帝”。

⑤ 副宪：官名，明始置，为都察院左右都御史的副职，亦分左右，正三品。

明史有传；国朝，周蕃寿，署陕西南郑县，同治元年，滇匪扰汉中，公数出奇兵挫贼，二年二月，发逆与滇匪合围城，公尽法守御，备极劳悴，八阅月，力竭城破，死之，贼得公尸，以弹丸实公腹，盖谓公心肝如铁云。

第六课　义烈贞节

州志载明以来以义称者，七十余人，而妇女以贞孝节烈显者，前明因志毁仅传十五人。国朝内教修明，闺闼之秀，坚苦贞白，自行其志者，多至二千余人。而数次遭罹贼氛，男死忠义、女死贞烈者，又数千人。其仕宦文艺、隐逸耆硕、老成名德可纪述者，尚不尽在此数。州境广轮数百里，魁士贤媛，至更仆不能终，可谓盛矣。先型既在，来轸斯遒，生其后者，奋何如也。

第七课　睦姻任恤之风未尽泯

《周礼·保氏》书睦姻任恤之行，其时民风敦厚，闾里辑睦，犹可想见。州俗虽渐就衰薄，此风尚未尽泯。先达老辈中，不乏慈善惠和、慷慨任义、急人如己，至负重累而不悔者。其他有无通贷、危难扶持、绨袍赠寒、余粟赈荒、修路造桥、设茶施槥，及年终粜济等事，亦随处倡行。使由此力追三代[①]敦庞之风，人不异尚，家不殊俗，爱群保种，袍泽与同，则懿美长者之行，不难尽人而见之矣。

第八课　女学宜兴　附缠足

古凡生子，必求宽裕温良慈惠之妇为之保姆。夫宽裕慈惠诸德，世所称士君子之行也。而当时妇女，或备有之，女教可谓盛矣。三代以后，教法久废，即记所传三从四德，女子已未能周知。而缠足一事，尤近今一大厄。涪境荒僻山村，粗陋女子，无

---

① 三代：对中国历史上的夏、商、周三个朝代的合称。

一知识，而足则未有不缠者。州绅倡兴天足会[①]劝导终属有限，非遍兴女学，则此风不能革。现在学堂开办，已差有条理，宜渐次兴举女学，使数千年陋习，潜移默化，闺阁之灾，当可瀹也。

第九课 婚嫁过奢

婚嫁聘仪奁具，悉有定制，过与不及，皆非礼也。涪俗婚配既多失时，且有不计其人之年与行谊，而惟财是较者。亲迎之日，男女二家，张皇夸饰，称快一时。小康之家，婚娶粗毕，已无以为事畜计。即使富有，而破中人数家之产以厚其女。靡曼相习，遂有许婚于前，因贫而悔于后。挟奁自重，因富而慢其夫，甚且预忧厚奁难备，而忍溺其女者。种种恶习，皆肇端于此。士君子急宜起救其弊，勿令陋俗相沿，日趋于浇薄而不可返也。

第十课 葬祭不如礼

丧祭凡品官士庶，《会典》[②]皆详载其礼。涪俗丧事，务为炫耀。广致宾客，侈陈水陆，演剧作乐，终宵聚赌。谓之守丧，或多招僧道，诵礼经忏游城破狱，举放焰口，以此为孝。有荡产破家以徇俗者，祭则齐献彻馂，品物仪制，皆不应礼，春日拜墓，金鼓喧阗，中元祀先，楮帛狼籍，并无如在追远之忱，而对灵作揖。乘丧嫁娶，清明蒸尝等会，争论多寡，酗酒构讼，尤为极敝之恶习。为牧令者，以礼齐民，丧祭乃其大端，当先从事于此也。

① 天足会：光绪二十五年十一月（1899 年 12 月），上海发起成立中国天足会——这是一个禁止妇女缠足，提倡妇女放足的民间社团组织，并出版《天足会报》，广为宣传呼吁，并在全国各地设立分会，发展迅速。

② 《会典》：官修断代式政书。会典以“职官”为纲，记录中央与地方官职制度沿革；会要因事分类，着重记述法令典章，而不详备史实。《清会典》为记述清朝典章制度的官修史书，康熙二十三年（1684）初修《大清会典》，又称《康熙会典》，凡 162 卷。雍正、乾隆、嘉庆和光绪年间曾四次重修。《清会典》编纂形式仿照《大明会典》，但具体类目颇有增损。

第十一课　州人无尚武精神

自重文轻武酿为习俗，人不言兵。州俗亦坐此弊，武科未停时，学习弓马者，不以其不适世用，以为其武也而轻之。武科停，更置武于不问，而且目军人为下流，以强武为好勇斗狠。至团练令下，则相率规避，更有异日当兵之惧，不知民族肇兴，皆以争自存。况事变日棘，以孤弱挡群强，非人人有尚武精神，不足转危机而张国力。愿吾人以无勇为身耻，以当军为天则，养成强毅不可犯之风，而进之以亲上死长，不特保吾族、卫吾群，而国势亦因之振矣。

第十二课　卫婴养蒙法未讲求

州中旧刻有慈幼、福幼等编，粗疏舛错，既不足遵奉。而于古之胎教，与近今调卫婴孩诸善法，又茫未考求。小儿有疾，每信药婆邪说，轻服杂剂，或延巫师行烧胎、送神、保关煞诸举，于寒暖饥饱、呼吸空气各节，多弗措意（小儿喉细，必啼哭以足空气呼吸之度，多误为病，妄下方药），及其稍长。非求效太速，拘束鞭责（儿脑尚稚，最忌敲击头脑），使无活泼机趣。即姑容溺爱，听其狂荡，致别生他患。蒙之不正，后复奚望。惟急讲求卫婴养蒙诸法，并照新章广设蒙养院，庶健男壮女日多，而种益强矣。

第十三课　田主苛待佃户

州属有田之家，能自耕种者，十不过三四，大抵以田取押钱，佃人耕，而岁分其谷，所谓租谷也。无押之佃，必另与主认息。良善田主，或稍有通融。其刻者，无论押息必求取盈，即荒岁租谷，亦难望升合之让。又其甚者，视佃户如奴隶，役佃户若牛马，借贷不稍通，通矣或取倍称之息，额租与息不足，则扣押钱，扣至尽则收田别佃，而前佃失业。主不恤客，富不怜贫，仇怨所积，或生祸端。讼狱繁而风俗薄，未尝不由于此也。

第十四课　富室以厚利贷钱贫民

州之富人，以余财兴工艺者绝少，经商者亦不多，大约用为借贷。盘剥小户，术最密，心最刻。有借母金十，经几次合算，对年须七八子金乃可偿，甚有子过于母者（此风云、白二里尤甚）。小户困乏时，不得已始行称贷，乃一书借券，即堕术中，房屋田产，悉为亏算。而昧心匿约，以为他年重索之地，亦间有之。仁厚之风既失，互生猜忌，遂至同类相残，究其极将积至天下之人。不相亲爱，害诚非小，尚愿富而好礼者，革薄从厚，勿徒嗜利以丛一身之怨也。

第十五课　纺织之业渐衰

通商未盛以前，州俗朴厚，人民勤奋。农牧之外，多业纺织。市设机房，家制纺车，土纱土布，销售极旺。自机器纱布行，织业虽衰，尚有买洋纱织布者，纺业则几至尽失。妇女惟讲求针黹工拙，或闲逸无所事事。工业不振，有由来也。为今之计，宜急讲蚕桑。种桑既多，妇女失纺业者，可收效于养蚕。迨出丝既盛，更推求织造绸缎诸法，以恢拓织业。庶向失之利权，可渐次挽回也。

第十六课　医术未普致其精　附稳婆

医道关系民命，至重且切。东西各国，无不兢兢于此。惟中国医术不明，滥行诊视，轻试方剂，为害甚酷。各邑既尔，涪地亦然。其稍深者，或多阅方书，于古今中外医理，未会其窾要也。至解剖验视，更无其事。等而下之，半解一知。标帜行道，甚以庸妄下走，售卖丸药草药。稳婆[①]出入闺闼，杂治妇女小儿诸症（俗谓之接生，有难产者，必延之，或妄行解割，致母子同殒），尤视人命如草菅。现在学堂专设医科，此后宜悬为禁，非治专科有凭照者，不得行医。而妇幼两科，宜令女子习之，盖女子心思静细，且使妇女治妇女与小儿，则病根易抉而取效尤捷也。

---

① 稳婆：旧时民间以替产妇接生为业的人。

第十七课　市店作伪病商

《周官》[①]均讥一职，掌巡市而察其犯禁与不物者。所谓不物，即指市货作伪言。孔子相鲁，革饮羊等俗，商旅争出其途，足见伪货罔利，自古已然。吾邑作伪，以鸦片为最，诡诈至不可稽诘。余若药店之有替换（此患尤关人命）、油锡漆之有搀和、绸缎杂货之以本省织制充苏杭，而米之入水加糠、银之灌铅胎铜，诸如此类，不一而足。夫居己于利，而令人胥受其害，为益有限，所损乃至无穷。诈之至，实愚之至，宜急兴商会，使百货可验。凡价得平，庶商贩不致裹足，而财可阜也。

第十八课　教会歧出

州之士夫，尊奉孔子，尚无奇邪离畔等习。僧道虽摭二氏之说，杂出其间，宗派失传，多无学识。又有镫花教、方便门，传习元功、创为逃劫之说者，茹素诵经，不婚不嫁，求赴西方龙华大会，踪迹诡异，不可究诘。愚氓信奉，不知为邪教可以杀身覆宗也。甚有桃源会、江湖孝义、文星会、福星公诸名目，树党结援，好勇斗狠等诸莠民乱民。他如天主耶稣，意在劝人为善，其传教为约章所许。宗教自由，又外国通例，其设学堂医馆，亦有益地方，特收纳弗慎，难免败类厕入其中，是诚在教士之爱惜名誉，善为选择也。

第十九课　游民之多

州属生齿日繁，工商各实业，亦未振兴，故游民甚多。既无恒业，丰年未免枵腹，歉岁遂流亡为盗。其凶狡者，妄拟游侠，密结哥老会，抢劫捉搕，无所不至。其会党蔓延无论城镇，即乡村小聚亦有马头；无论游惰，即绅宦清门亦同盟歃；甚至寺庙缁黄、营署兵役，无不统为收召。虽非尽属匪类，而集群不逞，寻仇私斗，其害亦烈。此非

① 《周官》:《尚书·周书》的篇名，相传为周公所作。从书名来看应该是记载周代官制的书籍，但内容却与周代官制不符，然而在近世出土文物中，多与《周礼》所记名物制度相合，而其他书又常常不载。

第涪为然也。夫不逞可杀也，群可取也，私固可诛也，斗可用也，能合数千百万游民而训教之，工之匠之、军之伍之，救时之术，莫此为急，是所望于膺民社者也。

第二十课　吸食洋烟之众

鸦片之害，人拟为洪水猛兽，然洪水猛兽，人知其害而远之，鸦片人溺而近之，彼害及身而止，此则传灯蔓于天下、弱种爰及苗裔，其祸殆过之矣。涪为产烟之区，吸食者十人而五，其中亦多有裨世用之人，一被其毒，遂腐同草木。忆滇发诸逆犯涪时，州中敢战之士，不选而足，今则游惰疲怠，大异往昔。偶团吾民练之，无一精壮朴勇者，苟有缓急，谁固吾圉？为民上者，固宜厉悬其禁，以拔吾民于水火，而父老子弟，亦宜广设自强、戒烟诸会，由少至尽、由男及女，互相敦劝，病其有瘳乎。

第二十一课　淫赌风炽

州俗淫赌之风最炽。市门卖笑，百万时尽，以至良人犯奸。宾宴流连，戏叶消暇，以至破家一掷。人心陷溺，百业荒废，败坏于斯为极。甚或因淫而酿杀机，因赌而成抢劫，亦比比皆是。其尤寡廉鲜耻者，淫色于男，狎比旁及顽优；意钱于女，撩零遍于闺闼。败人伦、蠹风俗，其流祸尤无底止。欲革斯弊，宜急兴学，男子学则人格高，女子学则家政肃，诸不肖之行，将有不屑为者矣。

第二十二课　谣讹易起

古者谣讹有惩，州境此风绝甚。本属无事，忽云某处被火、某处有贼，惊惶纷扰，哄传一时。而平日或言诸葛某碑出现、刘伯温某书应验、某地神佛现身、某人殃祥预决、某夜落火星、某年届劫运。无业之民，至假僧道沿街唱偈，各场贴谕。不特庸愚淆惑，即士夫亦中无所主，信口腾说，甚至簧鼓国事、装饰外情、逐影吠声、颠倒黑白，尤足启乱机而滋世变。此皆由愚者不识字、贤者不明理，积习相染，遂至于是。所以各等学堂之外，凡四字讲社、半日学堂之尤宜遍设也。

第二十三课　淫书宜禁

书以有益人心风俗为贵。吾州流布如《金瓶梅》《梼杌闲评》《绿野仙踪》《国色天香》《情史》《艳史金石缘》诸书甚夥，而《红楼梦》笔墨颇工，人士尤所酷好。又有《品花宝鉴》者，更沦人道于畜类。余若《西厢》《牡丹亭》诸院本，《西游》《封神》诸妖书，《统天卷》《万法归宗》等符箓之册，《水浒》《反唐》等诲盗之作，并一应弹词小说，倡优曲调，无一非惑世诬民、导淫酿乱之本。吾涪素循礼义，不应耽此，宜举而付诸一炬。而手民镌板、书贾居奇，则当严为之禁。庶风俗人心，不至流失败坏而无所底也。

第二十四课　演剧縻费

声音感人最深。今之演剧，本倡优俚曲，而装点忠孝义烈，则观者流涕，惜不尽出于此耳。州城演剧极繁，此外百余场镇，皆有庙，庙皆有剧，计岁费不下十万金。而又多绘闺闼秘辛，长人淫志，何乐为此？近日学堂筹费，本有神金一款，愿州人撙节以育群士，他日宏济世变，多一二伟人出于涪学，其增光桑梓何如也。即谓祈报燕乐，不可尽去，则当择演古豪杰与贞孝儿女，歌泣慷慨之事，以鼓动吾民，庶差可为转移风化之一助也。

第二十五课　灯节端午中秋

州俗正月十五夜为元宵灯节，狮龙花灯，游衍达旦，火球迸射，士女如云，各场镇亦略相同，年丰民乐，尚无大害。五月五日浴兰汤，为角黍馈亲友，陈龙舟之戏，吊楚大夫屈原也，是日士女尤盛，两江津渡处悬彩标，夺标之舟，岸人唱绝，然斗捷争先，舟沉人溺，是其病也。中秋拜月，陈瓜果饼饵于庭，开窗户延伫月华，笙歌满城，室家相庆，亦清时令节也。此外六月六日赛江神、七月十五祀先饭鬼，亦城乡皆然。而寒食禁烟、重九登高、腊八煮粥，则不甚应其节云。

第二十六课　香会之多

州境香会最多，届期十百为群，伛偻神前，举国若狂，诚敝俗也。而尤以妇女结队赛观音会，礼血河忏、入庙受戒等事，为最伤风化。涪与酆都接壤，每岁孟春，渝城妇女，炫妆约伴，连樯巨舰，招摇过涪。涪之士女，亦买舟顺流，接踵不绝，盖俗传阎罗天子纳娘娘事，谓肉身至今犹存。此与河伯娶妇、康居山神娶公妪，同一妖诞。惜时无西门豹、宋均其人，遂使不法僧尼，诳诱科敛，流毒逮今。淫祀宜禁，秕俗宜革，有转移风会之责者，当必有以处此矣。

第二十七课　辨神道

州人最溺神道，而不知神道所由来。当黄帝战蚩尤时，九黎方乱德。九黎乃九苗之君，蚩尤即其种类。苗俗好鬼喜巫，圣人因教不易俗，正如西藏好佛，我朝即使班禅达赖坐床，以佛法驯扰番众，盖因时立制，所谓神道设教而天下服也。圣如孔子，不语神怪，答季路[①]问，只言事人知生，可知务民义为人事之本，反此则流于邪僻矣。西人谓中国过崇神权，为致弱之由。今之崇拜土木者，当转务实业，以尽生人天职，慎勿日事虚无，贻外人之窃笑也。

第二十八课　城隍即水庸非阴官

州城所祀城隍即水庸，古与防同祭。防能蓄泄备旱涝，城隍极高深之险，备非常，固守御。大易[②]言“城复于隍”，名义本显著，今乃谓与守土官分司阴阳，或援人以实之，或言生人备差遣，或妄拟时日为新旧交代，其间有偶中一二事，人即惊骇。盖其人闻见不出《玉历钞》《阴阳镜》等邪妄之书，故为是种种附会也。至讹古社祭为土地，云受职城隍，据《封神》祀赵公明为财神，谓灶王张姓，每朔望上天奏事，其妄诞与城

① 季路：孔子弟子，孔门十哲、孔门七十二贤之一。

② 大易：指《易经》。

隍同。而境内鲍君神、石贤士之类，犹夥不胜记也。

第二十九课　醮禳无益

州城三、七两月，必举行清醮、盂兰二大会，各乡市镇亦同时建设，复有皇经、火神会等名目。究其所以然，则曰资超度也，事解禳也。庸讵知谄佛媚神，弃人事鬼，既坏民风、违圣训，而播幢帛楮之费，縻财不赀。况财所由来，又出之捐派，剥小民贩负微赀，以饱僧巫欲壑。此弊不除，民间岁多一分耗费，即全境岁少一分母财。暗中亏损，以至地方贫薄，为害实非浅也。

第三十课　辨卜筮选择 附叩签掷珓

州俗喜用卜筮选择（如丧事死日犯重丧、撞某七、敛时某命人宜避、葬日克某子孙、犯三煞五黄太岁之类，婚事年月大小利、文昌贵人到宫、值舅值姑、新人煞、回车马神之类），皆惑于阴阳灾祥。谓卜筮可决休咎，选择可趋避吉凶，瞀乱迷罔，坚执而不可拔。昔人有言，假蓍龟有灵，人其不如朽骨腐草；又云桀以乙卯亡，汤以乙卯兴，纣以甲子亡，武以甲子兴，在德不在日。古训如此，亦可见其事之不足凭信矣。至若问事问病，掷珓（俗言打卦）、叩签，则更传所谓国乱听神之举。夫事之成败利钝，不问己之办理善否，而求诸冥冥，是谓妄人。愿州人毋终锢于陋俗而不省悟也。

第三十一课　斋戒祈祷误用

州境斋风之盛，至终身不茹荤腥。祷事之勤，遇久旱，人民镇日跪烈炎中诵皇经，虽极困疲不稍动。吁，是何诚心之误用也？夫古人致斋散斋，原以斋其心之不斋，非不茹荤也。佛经本指荤为葱蒜之类，即云肉食、牛酒、醺酪，佛国恒餐，未尝戒也。至水旱偏灾，当致力沟洫，乃不修塘堰，惟勤祈祷，偶有所应则谓前受罚玉皇，今以经力得释，谬悠荒诞至此，可谓索隐行怪矣。愿州人以斋祷之猛勇虔诚，求诸人事，征诸实业，则事立就而灾可以御，勿误竭其精神于无用之地也。

第三十二课　天堂地狱错解

天堂地狱，佛氏正解，不过以人心造善境恶境为喻，非如世所谓六道、四生、十殿、九幽之谬说也。善解天堂地狱者，以为阳明主君子，其道高明，故曰天堂；阴柔主小人，其道幽暗，故曰地狱。理学家又有景星庆云、荆天棘地之譬。然终未摧陷而廓清之，故黄冠缁流，犹倡为瞽说，以愚吾民。而数千年来，人人心中，犹有一金宫银阙、幡幢引导、夜叉鬼伯、剑树刀山之现象，迷罔而不可拔也。欲空其说，莫如兴学。将来天学地学大明，知天文地质，无非气化，即雷公电母、风伯雨师，与夫地震潮汐之疑，亦昭然悉发其蒙，则陷溺之人心，或可振矣。

第三十三课　了凡[①]派盛行

州中了凡派盛行。意虽主于劝善规过，然谓富贵寿考乃定数，未生以前，已有主宰而籍记者，修德则能夺已定之命，使夭者寿、贫贱者富贵。日录己之功过于格，铢两毫厘、持筹握算，求偿于冥漠。吁，是直与造物为市矣！且其流派所衍，遂有奉行感应篇、阴骘文，互相敦劝宽譬，谓他日可获福祥、免劫运。呜呼，善非叩虚守寂也，事变将至，不绸缪经营，征诸实事，徒曰吾善人可免劫运。使中国人存此心，为害必烈，乌有福祥？愿吾父老子弟，勿高枕日谈阴骘，而忘燃眉噬脐之大祸也。

第三十四课　习玄功不如讲卫生

长生久视之术，导源黄老[②]。百年来州人最喜传习玄功，说至诡幻，派至歧杂。点道授诀之人，踪迹又至诡秘。细察彼所谓金丹大道者，不过保养精气神，其实效

---

① 了凡：即袁黄（1533–1606），初名表，后改名黄，字庆远，又字坤仪、仪甫，初号学海，后改了凡，后人常以其号“了凡”称之。浙江嘉善县魏塘镇（今属嘉兴）人。袁黄是明代重要思想家，他的《了凡四训》融会道教哲学与儒家理学，劝人积善改过，强调从治心入手的自我修养，提倡记功过格，在社会上流传甚广。

② 黄老：“黄”，指黄帝；“老”，指老子。后世道教奉二人为鼻祖，黄老学说或黄老教派是古代一种宗教流派，为道教早期重要教派之一。

亦不过却病延年而止。凡书籍口耳所记述，指为飞升解脱者，皆妄诞不足信也。近来卫生之学大明，凡人身所具各原质，与夫脏腑、筋络、血管各部分之得于格致剖验者，实亲切可据。州人不讲卫生，慎于居处、饮食、服御，而顾沾沾于打坐运气。吾见深入魔道，而运气致疾以死者，相随属也。诚取读卫生学诸书，而从事运动，病可却，年亦可延矣。

第三十五课　扶鸾、请乩、笔录、传谕诸邪术为酿乱之阶

今之崇奉神道者，有十大法门等名目。其中如眼报、耳报、观亡、游冥、降像，无一不驱人入于邪妄；而扶鸾、请乩、笔录、传谕，尤无智愚皆信之。明理之士，虽心知其非，特以其假忠孝为名，又所附会之人，皆古来死忠义列祀典者，故未显斥之。不知蚁穴溃堤，爝火燎原，其祸乃不可挽救。庚子之乱，拳匪亦假乩沙，而禀命于关帝。岂聪明正直如侯，而召人为乱乎？盖显为悖逆，愚者亦斥之，托诸神圣，则鲜不惑也。州中咸、同时，此风最炽，今稍熄矣。尚赖贤人君子，开智辨惑，锄其萌芽，止乱于未形焉。

第三十六课　巫风宜革

州中每岁城乡行巫事者，十家而九，盖沿苗俗之遗也。巫之为教，与祟为缘，故为神怪，妄谈休咎。其巧立之名，有拴胎、跳坛、和送、解结、送瘟火、立仙娘、扎茅人替死退病诸类。而女巫婆娑乐神，婉转歌唱；俳优侏儒，备极诸丑妆。巫所奉为茅山、梅山诸神，约字书所载喜音乐之山都木客[①]然。境内执是业者，不下数百户。尝询之彼人，亦自知诬妄，奈无计谋生，故出于此，情亦可悯。宜禁州人行巫事，而令群巫别营他业。庶几靖妖衅之萌孽，拔隐怪之根株，而风俗可以转移也。

---

① 山都木客：屡见诸古代典籍的神秘“动物”，长期活跃在闽、粤、赣三省交界的山林之中。如今认为，“木客”与“山都”虽有区别，但均是古代生活于山林的原始居民。

第三十七课　忌讳及诅咒之陋

州俗日趋陋劣，鬼神之说，又深入人心，一倾吐言论，动多忌讳。若福与祸即影响随之者，凡言涉不祥，即引避惟恐出口。与人言，亦恐人之或犯忌讳。积习相沿，遂专以吉祥等词相谀悦。既以不祥为讳，凡与人交恶，必隐为诅咒（俗有灵官祠赌咒、宰鸡狗、滚经忏、骑经猫诸名）。设盟诅前后，有偶中事，则以为某遭阴谴，由是愈神其说，以为咒验不爽，而神道益炽，淫祀亦日多。凡州中喜佞恶直、幸灾乐祸、弃人事鬼之俗，皆此数端所酿成也。此风始于苗民，汉族沿之，必革其弊，风俗始厚。州人宜力矫此习，勿为劣种之污俗所渐染也。

第三十八课　星相阻人进取

迩来星相士之术盛行，城乡烟户稍稠密处，无不有之。盖杂家众技之流，五代时术最盛行，余孽至今未殄也。其说谓人毕生行止，莫不有命，五官、百骸、贫贱、富贵、寿夭，天所生成，有一定之分。不知人之在世，有志竟成，视所为如何。况处今种族竞争之时，不着着争先，即事事落后。假有人命相贵可至三公、富可极一世，而昏庸泄沓，全不振奋，则终亦不免为奴隶耳。愿州人之泥命相者，憬然开悟，急图进取。而操斯术者，亦当决然改计，舍而他图。无阻人猛勇进取之志，使以命相自诿而自画也。

第三十九课　仇教之害

西人传教，国家许为保护。从前每因民教积嫌，匪徒乘机鼓煽，妄称教堂有残孩挖目之事，乃劫物焚堂，酿成巨祸，终至损一赔十，首祸者置诸重典，不特丧身破家，且牵动大局，贻君父之忧。又有外洋官商游历，乡人少见多怪，儿童呼噪，掷石抛瓦，无端侵侮，经官惩责，贻累父兄。不知仁爱之心，中外一理，何有残忍之行？中国人士，游历外洋，彼且款洽尽礼，致讥中国为无教化，闻此能不愧心？年来风气渐开，尚无一切暴行，尤望互相告诫，驯至畦町悉融，益见中外揖和之效也。